AF588928

(Conserver la couverture)

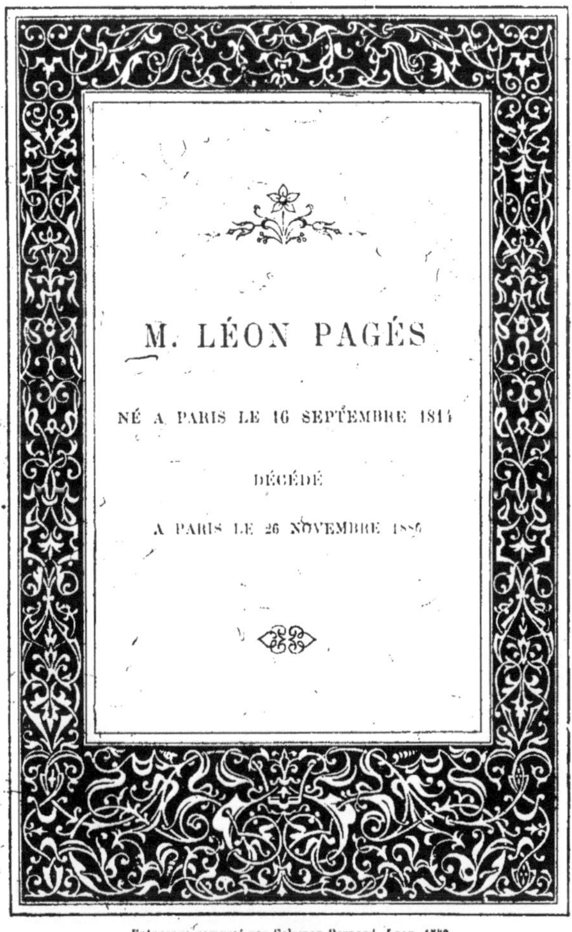

M. LÉON PAGÈS

NÉ A PARIS LE 16 SEPTEMBRE 1814

DÉCÉDÉ

A PARIS LE 26 NOVEMBRE 1886

Entourage composé par Salomon Bernard. Lyon, 1558.

Ln 27 36919

27 Ln 919

A LA MÉMOIRE

DE

M. LÉON PAGÈS

CHEVALIER DES ORDRES

DE PIE IX ET DE S. GRÉGOIRE-LE-GRAND

DÉPOT LÉGAL
Seine
N° 2095
1887

L'Église, figurée par une Orante ayant à sa droite S. Pierre, et à sa gauche S. Paul. — Fresque des catacombes, IIe siècle.

BIBLIOTHÈQUE NATIONALE

M. LÉON PAGÈS

La plaie sacrée. D'après Fra Angelico; XVe siècle.

On nous demande d'ouvrir la précieuse série des témoignages rendus à la mémoire de Léon Pagès, témoignages que ses nombreux amis désirent recueillir et garder. Nous nous y prêtons de tout cœur.

Dès nos jeunes années, nous fûmes lié d'affection avec Léon Pagès. Nous nous assîmes longtemps sur les bancs du même collège, celui de Saint-Louis, qui, ouvert en 1821 et 1822 sous le ministère Frayssinous, resta jusqu'en 1830 un collège sérieusement chrétien. Plusieurs vacances prises à peu près ensemble nous rapprochèrent plus encore que les études communes. De là naquirent entre nous des relations assez intimes qui me mirent à même d'apprécier la droiture, l'énergie et les rares qualités de Léon.

Tel on l'a vu depuis, épris de la vérité, jaloux de la justice, zélé pour le soutien ou la revendication de tous les droits, tel il était déjà au temps de son adolescence. On ne pouvait l'entendre discourir, ni surtout le voir agir, sans l'estimer profondément. S'il ne gagnait pas les sympathies de tous, il forçait du moins tout le monde au respect.

Dieu le conduisit suivant son caractère, sinon suivant ses goûts, en le faisant presque toujours marcher par des voies âpres. Il y fut souvent solitaire; mais son âme qui était de feu, sous une apparence froide, embrassait Dieu et ses frères dans une charité d'autant plus sincère qu'elle était toute pratique et paraissait rarement consolée.

Mieux que le sage antique, il se tint debout dans l'adversité. Sa foi très vive lui montrait Dieu au-dessus des événements dont il fut souvent la victime. Toujours grave, volontiers silencieux, il pliait alors sous la croix et adorait la main qui en chargeait ses épaules.

Rien n'égalait sa fermeté à poursuivre son but,

un but d'ailleurs toujours noble, élevé et chrétien. Aucune difficulté ne surmontait son courage; aucune contradiction ne lassait sa patience. L'injustice l'indignait ; il ne supportait point l'indifférence ; la paresse lui soulevait le cœur et il ne s'en cachait point. Pour beaucoup d'âmes il fut un aiguillon vivant, pour plusieurs il fut un remords. On ne se pardonnait point une lâcheté, on rougissait d'être pusillanime devant cet homme qui ne craignait rien et ne comptait jamais sa peine. Dès que les grands intérêts catholiques étaient en cause, il jugeait, avec saint Paul, qu'il y avait lieu de parler ou même d'agir « à temps et à contre-temps ». Les serviteurs à qui le Maître du festin évangélique donnait l'ordre d'urger les invités et de les faire asseoir comme de force à sa table auraient trouvé en lui un coopérateur sympathique et puissant.

Mais avec cette manière un peu rude et précipitée, quel bon et riche cœur! qu'il y avait au fond de cette âme de compassion et même de tendresse! Il s'est multiplié, puisant dans sa piété fervente le secret de faire beaucoup avec peu de chose, de prendre sur lui toutes sortes de responsabilités, de satisfaire à mille obligations. Œuvres de religion, œuvres de miséricorde, œuvres individuelles, domestiques et sociales, toutes l'ont trouvé prêt au travail le plus assidu, au dévouement le plus complet. Les courtes notices qui suivent disent ce qu'il y a déployé d'intelligence, d'activité et de vertu. On y verra ses initiatives admirables, ses luttes, ses services et ses succès qui, après de longues et douloureuses traverses, couronnèrent parfois ses efforts.

Dieu seul sait néanmoins ce que Léon Pagés a fait pour l'Église. Il aimait à demeurer caché et s'effaçait le plus possible. Le regard du Père céleste, qui « lit dans le secret », lui était une récompense plus que suffisante, et l'on peut dire que « sa main gauche ignorait habituellement ce que faisait sa main droite ».

Ce fut en somme un vrai juste, un homme de bien, un fidèle serviteur de Dieu, un chrétien militant et vaillant. Sa vie fut pleine et féconde ; sa mort a été digne, simple, paisible et manifestement bénie.

Il me disait lui-même, en l'un de ses derniers jours, que Dieu s'était montré magnifique envers lui, et qu'il voyait s'accomplir, pour sa part, les promesses faites par Notre-Seigneur à la bienheureuse Marguerite-Marie en faveur de tous ceux qui auraient une dévotion spéciale envers son Cœur sacré.

Et maintenant il jouit en paix du fruit de son labeur, « moissonnant dans la joie ce qu'il a semé dans les larmes ». Il laisse à ceux qui l'ont connu, avec une mémoire honorée et aimée, de grands et précieux exemples.

Daigne Dieu susciter, du sein de nos médiocrités et de nos faiblesses, des légions d'âmes constantes et généreuses comme celle de notre ami! Nous ne serons sauvés, si nous le sommes, que par la foi, l'amour de Jésus-Christ et l'esprit de sacrifice.

CHARLES
Évêque d'Anthédon,
Ancien auxiliaire du cardinal Pie, évêque de Poitiers.

27 décembre 1886,
En la fête de saint Jean l'Évangéliste.

Bienheureux ceux qui ont faim et soif de la justice.
Cathédrale d'Aix-la-Chapelle. XIIe siècle.

La Foi, d'après la fresque de Raphaël, au Vatican.

EXTRAITS
DE
LETTRES DE CONDOLÉANCE

29 novembre 1886.

MONSIEUR,

Christ
de Pompéo Batoni.
XVIIIe siècle.

Notre ami est mort calme, avec deux bénédictions papales! *Pretiosa in conspectu Domini, mors sanctorum ejus!...* Que j'envie son sort!... Une vie si bien remplie couronnée par une si belle mort! J'ai néanmoins prié pour lui. Ce matin j'ai communié à son intention. Je le prierai, persuadé que dans le séjour qu'il habite, il me sera aussi secourable qu'il l'a été pendant sa vie.

2

30 novembre 1886.

Cher Monsieur,

Encore un vaillant qui nous quitte pour un monde meilleur ! Dieu nous prive de ces grands lutteurs pour nous obliger à nous exécuter nous-mêmes et à ne pas nous endormir dans une vaine sécurité.

J'ai prié pour ce cher défunt, mais aujourd'hui principalement, en unissant sa mémoire à celle de M. Carayon ; car c'est dans la chapelle du château que je suis venu dire la messe, et c'est de là que je vous écris.

1er décembre 1886.

Cher Monsieur,

Je viens de recevoir l'annonce du service de ce bon M. Pagès.

Ce sera un chagrin pour vous et un vide, car l'absence d'un bon et fidèle compagnon d'armes tombé sur la brèche est un pénible sacrifice. Dieu aura permis qu'il ait fait germer de la bonne semence et qu'il soit remplacé. Il va sans doute nous aider de là-haut. Résignons-nous en attendant notre tour ; car nous sommes au premier rang.

4 décembre 1886.

Quoique préparé à cette cruelle perte, j'en ai reçu la nouvelle comme un coup très douloureux. Ce sont des relations affectueuses qui ont duré trente ans, au milieu des événements contemporains, sans jamais s'altérer, et que la mort a brisées impitoyablement.

Voilà pour ce qui me concerne, mais en outre, et à un point de vue moins égoïste, on ne remplace pas aisément un homme aussi dévoué aux bonnes œuvres, à l'Église et aux grands principes, trop oubliés ou méconnus actuellement, et qui seuls pourront reconstituer cette société chrétienne à la ruine de laquelle tant d'ennemis travaillent avec fureur. Il aurait bien mérité de voir ce triomphe si désiré, si longtemps espéré, si urgent et pour lequel notre ami a tant souffert et combattu, — ce triomphe de Dieu sur Satan, qui rétablira l'ordre et la paix dans ce monde. La Providence en a décidé autrement, et nous devons adorer ses décrets. Et maintenant qu'il n'est plus, on lui reconnaît toutes les vertus des morts.

Hélas! plusieurs lui en ont beaucoup voulu d'être un homme d'action et de combat, sans faire la part de son époque troublée et des circonstances où il s'est jeté dans l'ardente mêlée politique et religieuse de ces cinquante dernières années : or c'est là ce qu'on doit considérer pour le juger avec équité. Mais la vraie justice n'est pas de ce monde. Il jouit, maintenant du moins, de la sereine tranquillité promise au bon serviteur, et ne regarde plus ses épreuves terrestres que comme des instruments de mérites et de salut. Ah! puissions-nous en dire autant des nôtres pour les bien supporter!

Lille, 8 décembre 1886.

Le 24 novembre, dans la séance de la Commission des Œuvres de foi et de prières, M. le Président a recommandé aux charitables prières des Membres présents M. Léon Pagés, retenu par une maladie grave. Cette séance s'est terminée par une prière à l'intention du cher malade.

Dans la séance générale du vendredi 26, M. de Caulaincourt a donné lecture de la dépêche que vous m'avez envoyée, annonçant la mort de M. Léon Pagés, et il a ajouté : « Nous le recommandons à vos prières. C'était un membre fidèle de nos congrès et un homme d'un dévouement absolu. » Mgr Dennel, qui présidait, a dit ensuite que tous les Membres du Congrès se feraient un devoir de prier pour l'homme qui avait consacré sa vie aux œuvres catholiques et qui était un membre assidu de nos congrès.

Sa Grandeur a terminé la séance en disant : « Nous ajouterons à la prière ordinaire un *Ave Maria* pour M. Léon Pagés, l'homme de bien dont on a fait connaître le décès au commencement de la séance. »

La plaie embaumée.

D'après la chape brodée de saint Louis de Toulouse. XIIIe siècle.

EXTRAITS DE LA PRESSE

LA CROIX

23 novembre 1886.

M. Léon Pagès est très dangereusement malade, et nous le recommandons aux prières de tous nos amis; nous apprenons avec joie que Sa Sainteté a daigné encourager ce vaillant champion des causes catholiques, en lui envoyant une bénédiction spéciale.

Espérons que cette bénédiction conservera l'homme qui a obtenu la consécration de tous les diocèses de France au Sacré-Cœur.

27 novembre 1886.

Nous avons la douleur d'annoncer la mort de M. Léon Pagès, ancien secrétaire des comités catholiques et l'un des ardents promoteurs de la consécration de tous les diocèses du monde au Sacré-Cœur.

Il s'éteint après avoir vu son œuvre achevée pour la France.

En annonçant son état de maladie devenu plus grave, nous avons dit, il y a quelques jours, que le Saint-Père lui a envoyé une bénédiction; il a reçu l'extrême-onction et a attendu la mort avec calme pendant dix jours encore.

Pendant ces derniers jours, de nombreux amis sont venus lui serrer encore la main, notamment ceux de Lille, venus successivement à son chevet. Il sortait de la vie avec paix après les rudes combats.

Le râle de l'agonie a commencé ce matin, il a rendu le dernier soupir vers une heure.

Nous le recommandons spécialement aux prières, car il a été un défenseur des œuvres que nos lecteurs aiment; il a travaillé notamment en ces dernières années avec M. de Beaurepaire à l'œuvre du Denier des expulsés.

Au moment de l'invasion de Garibaldi, en 1860, il a porté à Rome des secours aux soldats du Pape, et n'a cessé depuis de travailler beaucoup pour le Denier de Saint-Pierre.

30 novembre 1886.

Aujourd'hui à neuf heures viennent d'avoir lieu à Saint-François-Xavier les obsèques de Léon Pagés, vaillant et humble soldat dont nous avons annoncé la maladie et la mort en réclamant des prières.

En ce temps de maigres convictions et de faiblesses de caractère, Pagés a conservé jusqu'à la fin de ses soixante-douze ans une inviolable préoccupation de défendre les droits de l'Église, en se mettant au-dessus des questions politiques comme au-dessus des questions de personnes.

Quand il ne rencontrait pas tout ce qu'il croyait utile à cette cause, il frappait ses meilleurs amis, mais alors même que son zèle l'entraînait au delà, il ne le faisait que par amour de la vérité.

Aussi, quand il avait fait de la peine à quelqu'un et qu'on le lui signalait, il répondait: Eh bien! je lui pardonne.

Il pardonnait alors la peine qu'il faisait, parce que cette peine répondait uniquement dans sa pensée à une offense aux saintes causes dont il s'était chargé. Il n'était qu'un instrument.

Peu d'hommes ont davantage réalisé ce programme de n'être que l'*instrument* de Dieu sans chercher à être autre chose. Il poursuivait les plus grandes œuvres, sans paraître, et avec le zèle de ceux qui en recueillent l'honneur.

« On peut dire avec vérité, faisait observer l'*Univers* en annonçant la mort, que M. Léon Pagés ne fut étranger à aucune des œuvres qui, depuis l'Empire jusqu'à aujourd'hui, ont attesté la vitalité et les efforts du parti catholique. » Et on peut ajouter qu'il en suscita un grand nombre.

Mais cette action a commencé plus tôt que l'Empire : nous signalerons notamment sa guerre contre les plans de M. Rouland et la manière dont il a déjoué ses plans secrets contre l'Église, ne ménageant aucune recherche, aucune démarche, aucune compromission.

Quand un ennemi sentait Pagés attelé à ses pas, il était vite mal à l'aise, toutes les mèches étaient éventées, toutes les avenues obstruées ; mais là où il ne se trompait pas en ses jugements, c'est lorsqu'il attaquait une erreur, une méchante entreprise.

Le Conseil municipal de Paris ne saura jamais ce que Pagés a semé d'obstacles et de protestations devant lui dans l'affaire de la déportation des morts à Méry, où l'on a triomphé.

Il a tenu sans cesse les catholiques en éveil sur les agissements de la franc-maçonnerie, et quand il avait trouvé un document il se hâtait de le porter à celui qui en ferait usage, en sorte que la secte recevait des coups des côtés les plus opposés, sans se douter que tous ces projectiles divers vinssent d'une même excellente fonderie.

C'est cette lutte et ce besoin d'aider les bons au combat, qui fit de M. Pagés la cheville ouvrière des comités catholiques, pour grouper les défenseurs de l'Église et leur offrir des armes.

Ces comités catholiques ont survécu aux orages et aux affadissements et si la mort de Pagés a été accueillie avec tant d'émotion aux grandes assemblées de Lille de cette semaine, où il manquait pour la première fois, c'était juste, car l'idée qui a présidé à la fondation de cet admirable mouvement de foi venait de lui.

En plus d'une circonstance, lorsqu'un intérêt majeur était en jeu, il sollicitait les prières des communautés, les adorations, et nos législateurs ont subi plus qu'ils ne pensent l'action de ces efforts.

Malgré les apparences de son caractère militant, Pagés, qui était un infatigable travailleur, était surtout conservateur et édificateur; il suffit de nommer les œuvres auxquelles il a travaillé avec plus d'ardeur: Denier de Saint-Pierre, dont il a été un des plus persévérants excitateurs, allant, comme nous l'avons dit, s'en occuper à Rome; Divulgation des actes pontificaux, Propagation de la foi, Sacré-Cœur, Consécration des diocèses au Sacré-Cœur, Adoration nocturne perpétuelle à Montmartre, — et disons que c'est à l'une de ces veilles de Montmartre tant aimées, qu'il a pris sa dernière indisposition, compliquée depuis, — Feuilles de prières du mois à Paris; imitées de Lille, rédigées jusqu'à la fin de sa vie.

Léon Pagés a fait, en outre, de remarquables travaux

sur le Japon, un dictionnaire, une traduction estimée des lettres de saint François-Xavier, sur des textes authentiques trouvés en Italie, la vie de ce même saint, d'autres travaux historiques intéressants sur Danton, sur la bataille de Valmy; mais surtout, il a fait une foule de recherches en vue de travaux non produits ; ses livres étaient parfois couverts d'annotations savantes ; il y a tout un héritage pour un chercheur qui voudrait poursuivre le combat ; mais qui pourrait retrouver tout ce que ce vieillard avait gardé en sa mémoire, véritable arsenal pour la bonne cause, disparu aujourd'hui !

Nous avons remarqué aux obsèques, que plusieurs de ceux qui avaient eu ces petites luttes qui séparent ordinairement les hommes se retrouvaient cependant auprès de ce cercueil ; on pouvait être indifférent ; mais on était en union devant Dieu.

L'absoute a été donnée par Mgr d'Anthédon, la foule était grande. Nous avons remarqué :

La plupart des ordres religieux ;

Les Pères Capucins, les Pères Jésuites, les Pères Augustins de l'Assomption, la Miséricorde, le R. P. Voirin des Oblats (de Montmartre), le P. Colomb, des Maristes ; les Frères de Saint-Jean-de-Dieu ; le F. Expérien, le F. Argymir, des écoles chrétiennes ; M. Delpech, supérieur des missions étrangères ; les Sœurs de Saint-Vincent de Paul, de Saint-Joseph de Cluny, de Bon-Secours ; les Servantes du Sacré-Cœur ; les Petites Sœurs des pauvres, les Petites Sœurs de l'Assomption.

L'abbé Piot, supérieur du petit séminaire ; l'abbé Diringer, M. Vrau de Lille, Robinet de Cléry, E. Veuillot, Léon Gossin, B. Bailly, Lermigny de Saint-François-de-Sales, Antonin Pagés et Beluze de Saint-Vincent-de-Paul, comte Yvert du bureau central ; Buffet, sénateur ; Lerolle, conseiller municipal ; de Benque, de l'Adoration perpétuelle ; Gaillard, graveur ; Dumoulin, libraire ;

3

L. Aubineau et Nemours-Godré, de l'*Univers*; baron des Rotours, docteur Fodéré, Libman, baron d'Aubigny; E. Revilloux, de l'Institut; Duverger, Dupont, Cambuzat, inspecteurs généraux des ponts et chaussées; Retaux, Sallentin, magistrat, conseiller à la cour de cassation; Fiot, d'Orgeval, Plista; Gibon, com. cat.; Ruaudel, ador.; D. Didio; Mlle Polonus, M. Polonus, Als. Lorr.; général de la Villeboisnet; Delamarre, Douillard. Claudius Lavergne; Godelle, ancien député; Jamier, Bouvrain, Laurentie; de Bélizal, député; M. d'Andigné, Cartier de Solesmes.

SEMAINE RELIGIEUSE DE BESANÇON

4 décembre 1886.

Les obsèques de M. Léon Pagés ont eu lieu à Paris lundi, au milieu d'un grand concours de religieux, prêtres et fidèles. M. Pagés, bien connu pour son dévouement aux bonnes œuvres, s'était spécialement voué aux œuvres du Vœu national, de l'Adoration nocturne et du Denier de Saint-Pierre.

Le Dimanche, semaine religieuse du diocèse d'Amiens, a reproduit ces lignes dans son numéro du 12 décembre.

SEMAINE RELIGIEUSE DE VERDUN

4 décembre 1886.

Les œuvres catholiques ont perdu un de leurs guides et de leurs promoteurs les plus actifs dans la personne de M. Léon Pagés, qui vient de mourir, à l'âge de soixante-douze ans, dans les sentiments les plus admirables de la résignation et de la piété chrétiennes. Homme de talent et de zèle, il s'est distingué tour à tour sur le terrain de la littérature ou de la polémique religieuse et sur celui des œuvres. A ses derniers moments il a reçu les bénédictions du Saint-Père, de S. Exc. le Nonce Apostolique, de Mgr l'archevêque de Paris et de Mgr Gay, évêque d'Anthédon.

La plaie sacrée, glorifiée par le témoignage de saint Thomas.
Panneau peint par Giotto, à Florence, XIVe siècle.

LE MONDE

28 novembre 1886.

Un vaillant serviteur de l'Église, M. Léon Pagés, a rendu hier, à une heure, son âme à Dieu. Il nous a quittés emportant un riche trésor de mérites. Homme de prière et d'œuvres, il a fait la mort d'un saint. Je n'oublierai jamais son calme au milieu des souffrances d'une longue agonie. Durant ces interminables heures d'angoisse, son regard, dirigé vers le ciel, semblait fixer Celui qui fut la passion de toute sa vie. Ses lèvres étaient muettes, mais sa physionomie nous disait que sa pensée était uniquement à son Dieu.

Ouvrier infatigable, on le vit sans cesse à l'avant-garde, mais avec l'abnégation la plus entière. Il n'a été étranger à aucune bonne œuvre ; plusieurs furent fondées sous son inspiration. Il en est qui l'ont occupé jusqu'à son dernier jour. Il se donna surtout aux œuvres du Denier de Saint-Pierre et de Saint-François-Régis, à celles de Montmartre et à la diffusion des enseignements pontificaux.

Continuellement en éveil sur les agissements de la franc-maçonnerie, il avait toujours des renseignements nouveaux à donner à ceux qui se dévouent à la lutte contre l'armée de Satan. Lorsqu'on tenta de nous séparer de nos chers défunts en les transportant loin de la capitale, il fit une vigoureuse campagne contre *la déportation de nos morts ;* c'est surtout à lui que nous devons l'avortement de ce projet impie.

Il gémissait sur l'état de la société et sur les maux incalculables que les sectaires causent à notre pays et au monde, et il espérait voir bientôt le retour aux saines doctrines et le triomphe de Jésus-Christ et de l'Église. Dieu en a décidé autrement : il a rappelé à lui son serviteur avant cette heure si ardemment désirée. C'est dans la gloire que cet athlète intrépide assistera aux triomphes quotidiens et au triomphe final de la Providence. Puissions-nous, comme ce cher ami, nous dévouer sans réserve au bien et vivre de foi, de prière, de pénitence et d'œuvres, afin d'avoir la joie d'être de ceux dont il est dit : « Bienheureux ceux qui meurent dans le Seigneur... leurs œuvres les accompagnent ! »

Cet article du *Monde* a été reproduit partiellement le 4 décembre, par les Semaines religieuses des diocèses de Beauvais, Châlons, Laval, et, le 11 décembre, par celle du diocèse de Rouen.

Jésus et Marie n'ayant qu'un seul cœur.
Insigne des Eudistes et du P. Eudes, leur pieux fondateur. XVIIe siècle.

LE PÈLERIN

6 décembre 1886.

Léon Pagés a été le soldat ardent de toutes les luttes à Paris; toujours au second plan, il était la cheville nécessaire du travail.

Suit une partie du dernier article de la *Croix*; après quoi, le *Pèlerin* continue ainsi :

C'est lui qui commença les comités catholiques après la guerre et qui suscita la consécration de bien des diocèses au Sacré-Cœur, dans le monde entier; il avait achevé son œuvre pour la France. Il poursuivit par mille démarches l'Adoration perpétuelle de jour et de nuit du Saint-Sacrement à Montmartre.

Il a été l'ami de nos combats dans les moments difficiles, et il avait foi dans la formation d'un parti de Dieu. Il repoussait les compromis et les affadissements avec une sainte énergie qui lui faisait parfois blesser ses amis, mais on sentait que c'était le zèle de la maison de Dieu qui le dévorait.

Aussi à ses obsèques ses nombreux amis remarquaient çà et là qu'ils avaient eu quelque lutte avec lui, mais ajoutaient aussitôt : c'était vraiment un brave.

Le Pape lui a envoyé sa bénédiction à deux reprises dans cette maladie où il a envisagé la mort sans crainte ; il est en effet allé au ciel comme il allait aux réunions de la terre lorsqu'il venait rendre compte de ses innombrables démarches.

Quoiqu'il soit parti de la terre les mains pleines, nous lui devons des prières, à lui qui se donnait si souvent la mission d'en récolter pour les autres et pour les œuvres.

SEMAINE RELIGIEUSE DE DIGNE

19 décembre 1886.

Le vendredi, 26 novembre, un grand chrétien mourait à Paris à l'âge de soixante-douze ans, après une vie admirable de dévouement et de modestie. M. Léon Pagés avait renoncé depuis longtemps à la diplomatie et aux honneurs du monde, afin de se sacrifier tout entier à la gloire de Dieu et de la Sainte-Église.

LA FRANCE AGENOUILLÉE ET SUPPLIANTE

Gravure commémorative de l'établissement officiel du culte du Sacré-Cœur
par les évêques de France,
à la sollicitation de la reine Marie Leczinska, en 1765.

Faire régner Jésus-Christ, travailler à glorifier l'Église, soutenir le Pontife suprême et soulager les misères du prochain : voilà à quoi il employait son temps et sa fortune.

Aussi modeste que zélé, il s'oubliait entièrement lui-même, et, si parfois on remarquait chez lui quelque vivacité, on s'apercevait bientôt qu'elle n'était nullement l'effet du caprice mais d'une pensée généreuse que ce vaillant catholique désirait faire triompher.

L'ouvrier l'a rencontré dans l'œuvre de Saint-François Régis; le délaissé a été l'objet de ses soins délicats dans les bureaux catholiques de bienfaisance libre qu'il contribua à établir; la classe dirigeante a senti les efforts de son zèle dans l'établissement des comités catholiques, des universités catholiques et de diverses autres œuvres qui s'adressent à elle d'une manière spéciale.

L'Œuvre du Denier de Saint-Pierre a été sa constante préoccupation jusqu'à sa mort, aussi bien que l'*Union des prières* pour la ville et le diocèse de Paris, dont il rédigeait la feuille mensuelle, et l'*Adoration nocturne* au sanctuaire du Sacré-Cœur à Montmartre, dont il fut l'un des plus dévoués fondateurs. Sa parole et sa plume étaient constamment au service de la charité, de la justice et de la vérité. Aucune démarche ne lui coûtait lorsqu'il s'agissait de faire réussir une bonne œuvre. Qui ne sait avec quelle persévérance il soutint la lutte contre les sectaires dans les questions des *cimetières* et de la laïcisation de l'enseignement et des divers services de *charité*. A tout effort de l'ennemi il opposait une résistance énergique et sage.

Une vie aussi bien remplie ne pouvait qu'être couronnée par une sainte mort. Au milieu des souffrances d'une lente agonie, le malade s'est montré d'une patience et d'une grandeur d'âme remarquables. Durant la nuit qui précéda sa mort, il ne fit que répéter des invocations pieuses qui lui étaient familières : *Soyez béni, mon Dieu! Mon Dieu, soyez béni! — Ayez pitié de moi, mon Dieu! — Que le bon Dieu est bon!* Une seule fois la douleur ou son ardent désir du ciel lui fit dire : *Mon Dieu, que c'est long;* et aussitôt il ajouta : *Que le bon Dieu est bon! Je ne souffre pas, Mon Dieu vous ne me faites pas souffrir. Mon Dieu ayez pitié de moi!* Il ne pouvait plus bien articuler et il disait encore : *Soyez béni, mon Dieu! Mon Dieu, soyez béni!* Ce furent les dernières paroles du mourant. Il resta longtemps sans connaissance; sa longue agonie fut calme et résignée. La mort a respecté sa noble et bonne physionomie. Le corps du défunt est resté exposé trois jours, sans donner aucun signe d'altération.

Bienheureux ceux dont la sainte vie prépare une telle mort! Priez pour lui.

L'AUTORITÉ

1er décembre 1886.

Les obsèques de M. Léon Pagés ont eu lieu hier matin à l'église de Saint-François-Xavier. De nombreux amis avaient répondu à l'invitation de la famille et se pressaient sous les voûtes de l'église derrière le cercueil du chrétien militant dont la vie fut un long acte de dévouement à l'Église et à la France.

La messe a été célébrée par M. l'abbé Roquette, curé de la paroisse. S. G. Mgr Gay, évêque d'Anthédon, qui connaissait particulièrement M. Pagés et qui, un peu avant sa mort, l'avait consolé et fortifié de sa bénédiction, a donné l'absoute.

Dans l'assistance : le comte Yvert, camérier de Sa Sainteté, MM. Buffet, Godelle, Eugène Veuillot, baron des Rotours, comte Maurice d'Andigné, général Espivent de la Villeboisnet, Robinet de Cléry, baron d'Aubigny.

BULLETIN
DE
L'ŒUVRE DU VŒU NATIONAL

10 décembre 1886.

Le pèlerinage de l'Œuvre de l'Adoration nocturne diocésaine a eu lieu le 28 novembre, 1er dimanche de l'Avent. Avant de congédier les pèlerins, le premier chapelain recommanda à leurs prières *M. Léon Pagés*, que le Sacré-Cœur venait d'appeler à la récompense des bons et fidèles serviteurs.

A peine notre vénéré collègue M. Haudry de Soucy était-il conduit à sa dernière demeure, que nous faisions une nouvelle perte qui nous est bien sensible; M. Léon Pagés s'est éteint après une pénible maladie le 26 novembre. On peut le regarder comme un des fondateurs de l'œuvre de l'Adoration nocturne à Montmartre, et un apôtre dévoué dans les œuvres catholiques et surtout celles qui concernent les gloires du Sacré-Cœur. Il avait aussi, avec un zèle infatigable, travaillé à la consécration de tous les diocèses de France au Cœur de Jésus; puis il

LA CHAPELLE PROVISOIRE DU SACRÉ-CŒUR

Où s'accomplit l'œuvre de l'Adoration perpétuelle de nuit. — Dessin de M. Rohault de Fleury.

s'était mis en campagne pour obtenir la consécration de tous les diocèses du monde et pour étendre partout l'Adoration nocturne. Au moment de rappeler à lui ce fidèle apôtre, le Sacré-Cœur a voulu le consoler en lui montrant un commencement de la réalisation de ses grands projets. Sur son lit de mort, M. Léon Pagés a su que près de 650 diocèses se sont déjà consacrés au divin Cœur, et, qu'en quelques mois, 42 villes d'Espagne, pour ne parler que de cette catholique nation, ont établi l'Adoration nocturne. Homme d'une incroyable activité, M. Léon Pagés était par-dessus tout un homme de foi. L'avenir révèlera les miracles de grâces qu'il a obtenus par les prières faites à Montmartre durant les nuits d'adoration. Ennemi de la publicité, quand il entreprenait une grande œuvre, il venait passer des nuits devant le Saint-Sacrement dans la chapelle provisoire. C'est avec le Cœur de cet ami que, trois ou quatre nuits, par semaine, il traitait ses grandes affaires. Qu'il était édifiant de voir ce vieillard accourir souvent à pied, de l'extrémité de Paris, et se reposer par une veillée eucharistique ! Nous recommandons ce grand chrétien aux prières et à l'imitation de tous nos associés.

Le Poisson portant dans une corbeille le pain et le vin, figure de Jésus-Christ qui s'est fait l'aliment de l'homme dans l'Eucharistie. Fresque des Catacombes. IIe siècle.

BULLETIN MENSUEL

DES ŒUVRES DE LA JEUNESSE

Janvier 1887.

Dans son article reproduisant en partie ceux du *Pèlerin* et du *Bulletin du Vœu national*, on lit :

Il fut un des fondateurs de l'œuvre de l'Adoration perpétuelle de jour et de nuit à Montmartre, et un apôtre dévoué dans les œuvres catholiques et surtout celles qui concernent les gloires du Sacré-Cœur. Nul n'a contribué plus que lui à faire prier pour nos œuvres et nos retraites, et nous aimons à croire que les bénédictions inespérées répandues sur elles sont parties du Sacré-Cœur.

LA

FRANCE MILITAIRE ET RELIGIEUSE

1er janvier 1887.

Le 29 novembre 1886, à l'église de Saint-François-Xavier, sous la présidence de Mgr Gay, avaient lieu les obsèques de M. Léon Pagés. L'assemblée pieuse qui priait pour le vaillant catholique défunt était composée de ces hommes de foi et d'action que l'on voit partout courageux et ardents pour défendre la religion et la société contre leurs ennemis. L'assistance d'un très grand nombre de dames chrétiennes, de religieuses, d'orphelinats, etc., achevait de témoigner que le modeste catafalque renfermait la dépouille mortelle d'un humble et saint homme de bien. M. Léon Pagés, effectivement, a fait beaucoup de bien sans bruit, dans sa vie qu'il vient de terminer saintement à l'âge de soixante-douze ans. On apprendra avec étonnement, dans les rangs mêmes de la société catholique, ce que la foi de M. Léon Pagés a pu faire sous le manteau de la plus discrète humilité.

In pace.

D'après la gravure sur acier, publiée par M. Alcan, à Paris.

L'UNIVERS

27 novembre 1886.

Au dernier moment, on nous apporte la douloureuse nouvelle de la mort de M. Léon Pagés. Depuis quelques mois, la santé de M. Pagés, usé par de nombreuses fatigues, inquiétait vivement tous ses amis.

Malgré les instances de son entourage, il ne voulut point prendre un repos devenu nécessaire. Il lui en aurait coûté trop de se séparer de toutes les chères œuvres auxquelles il avait voué sa vie, Œuvre de l'Adoration nocturne à l'église du Sacré-Cœur, Œuvre de Saint-François Régis et bien d'autres encore.

A ces diverses œuvres, M. Pagés apportait le concours d'un dévouement qui, peu soucieux du premier rang, savait se prodiguer sans compter.

La journée de ce bon serviteur de l'Église et de la France est finie ici-bas. Nous recommandons aux prières de nos amis le chrétien militant que le Maître rappelle au milieu de sa tâche, et qui, il y a quelques jours encore, nous témoignait sa joie de voir partout en France se réveiller l'action catholique qui terrassera la Révolution.

L'*Écho de Fourvières* a reproduit cet article dans son numéro du 18 décembre.

29 novembre 1886.

En annonçant, il y a deux jours, la triste nouvelle de la mort de M. Léon Pagés, nous avons rapidement signalé quelques-unes des œuvres auxquelles il avait si largement prodigué son zèle et son dévouement. Nous voulons aujourd'hui revenir sur la vie et les œuvres de ce vaillant soldat de la bonne cause, de ce fervent chrétien.

Voici, avec une brève énumération des œuvres auxquelles M. Léon Pagés fut plus ou moins intimement associé, quelques réflexions et quelques détails qui intéressent nos lecteurs. On peut dire avec vérité que M. Léon Pagés ne fut étranger à aucune des œuvres qui, depuis l'Empire jusqu'à aujourd'hui, ont attesté la vitalité et les efforts du parti catholique.

L'œuvre des Conférences de Saint-Vincent de Paul, celles du Denier de Saint-Pierre, de la Propagation de la Foi, de la Sainte-Famille, de Saint-François Régis, de

Saint-Michel, de l'Adoration perpétuelle, du Denier des Expulsés et du Denier du Culte ont toujours trouvé en M. Pagés un infatigable apôtre. Comment aussi oublier la part prise par M. Léon Pagés au mouvement catholique contre la politique universitaire de M. Rouland, qui, sous l'Empire, voulait inaugurer déjà la persécution dont MM. Ferry et Goblet sont aujourd'hui les principaux ouvriers ?

Comment ne pas dire ce qu'il a fait pour la divulgation et la vulgarisation en quelque sorte des actes pontificaux, pour la diffusion des bons livres et des saines doctrines, pour la consécration de tous les diocèses de la France et du monde au Sacré-Cœur de Jésus, pour les patronages catholiques des Alsaciens-Lorrains, pour les bureaux catholiques de bienfaisance, pour l'œuvre aujourd'hui florissante des Comités et des Congrès catholiques ? Quand, dans les bureaux de l'*Univers*, quatre ou cinq catholiques arrêtaient la fondation d'un comité devant prendre part aux luttes électorales et organiser partout la résistance contre les doctrines et les actes révolutionnaires, M. Léon Pagés était l'un de ces premiers militants. Il faut donc le compter parmi les fondateurs du Comité catholique général, dont plus tard il se retira.

S'agissait-il de défendre les droits des catholiques dans la question des cimetières, M. Pagés était tout de suite sur la brèche. On n'a oublié ni ses efforts ni ses travaux. Fallait-il signaler et combattre quelque nouvelle et dangereuse entreprise de la franc-maçonnerie, M. Pagés était encore un des premiers à l'avant-garde.

Ces brillants et actifs services de M. Léon Pagés ne

doivent pas laisser oublier qu'il avait naguère heureusement combattu sur le terrain de la littérature et de la polémique. Il laisse de très remarquables travaux sur le Japon, une traduction estimée des lettres de saint François-Xavier, des travaux intéressants et variés sur Danton, sur la bataille de Valmy, etc.

Mais ce qui dominait tout dans la vie de M. Pagés, c'était, à côté de sa tendresse pour les enseignements de Rome, une foi priante et agissante qui était capable de transporter les montagnes, et qu'aucune « montagne » n'a effrayée. Sa seule ambition fut de travailler aux œuvres de Dieu, en évitant de paraître. On peut justement dire qu'il s'est dépensé tout entier au service de Jésus-Christ et de l'Église. La vie cachée était l'attrait de cette belle âme, dévorée d'un zèle si extraordinaire qu'elle n'abandonnait jamais un projet avant de l'avoir fait aboutir.

M. Léon Pagés s'est éteint à soixante-douze ans, dans la plénitude de ses facultés, et avec les sentiments les plus parfaits de piété et de résignation. Il a été assisté jusqu'au dernier moment par des amis dévoués, et fortifié par les bénédictions du Pape, de S. E. le Nonce, de notre vénéré Archevêque et de l'évêque d'Anthédon.

30 novembre 1886.

Les obsèques de M. Léon Pagés ont eu lieu ce matin à l'église Saint-François-Xavier. De nombreux amis avaient répondu à l'invitation de la famille et se pressaient sous les voûtes de l'église derrière le cercueil du chrétien militant, dont la vie fut un long acte de dévouement à l'Eglise et à la France. Nous avons remarqué, dans cet imposant cortège d'amis, des représentants de presque toutes les communautés d'hommes de Paris, des religieuses de divers ordres, des membres du clergé diocésain et des représentants de toutes les nombreuses œuvres auxquelles M. Pagés avait été si dévoué. Nous donnons ci-après, rapide et incomplète nécessairement, la liste de ceux qui ont tenu à donner un dernier témoignage de chrétienne sympathie à un infatigable défenseur de la bonne cause.

La messe a été célébrée par M. l'abbé Roquette, curé de la paroisse. S. G. Mgr Gay, évêque d'Anthédon, qui connaissait particulièrement M. Pagés et qui, un peu avant sa mort l'avait consolé et fortifié de sa bénédiction, a donné l'absoute.

Voici l'énumération des œuvres congréganistes représentées aux obsèques de M. Pagés :

Les Pères Capucins, les Pères de l'Assomption, les Pères de la Miséricorde, les Pères Jésuites, les Pères Lazaristes;

M. Delpech, supérieur des missions étrangères, et plusieurs des directeurs du séminaire;

Le R. P. Voirin, supérieur de l'Église du Sacré-Cœur, et le P. Yenveux, Oblat de Marie-Immaculée ;

Les sœurs de Saint-Vincent de Paul, les sœurs de Saint-Joseph de Cluny, les servantes du Sacré-Cœur ;

Petites Sœurs des pauvres, Petites Sœurs de l'Assomption, Sœurs du Bon-Secours; les frères de Saint-Jean-de-Dieu ; le frère Expérien, premier assistant, et les frères des Écoles chrétiennes.

MM. l'abbé Douillard, l'abbé Diringer, ancien secrétaire de Mgr de Ségur; l'abbé Guyot de Laval, aumônier au fort de Vincennes; l'abbé Piot, supérieur du petit séminaire de Notre-Dame-des-Champs ;

Les membres de la Fraternité du tiers-ordre de S.-François; de l'œuvre de l'Adoration au Sacré-Cœur, dont M. Pagés fut une des chevilles ouvrières; des conférences de S.-Vincent-de-Paul, etc.

Dans l'assistance nous avons encore remarqué :

MM. Gaillard, graveur et peintre; Alexis Douillard, peintre; le comte Yvert, camérier de Sa Sainteté; Retaux, éditeur; Dumoulin, imprimeur; Buffet, sénateur; de Bélizal, député; Godelle, ancien député; Paul Lerolle, conseiller municipal de Paris; Dupont, Cambuzat, Duverger, inspecteurs généraux des ponts et chaussées; B. Bailly, ancien officier de marine; Sallantin, conseiller à la cour de cassation; Révillout, professeur à l'école du Louvre; Eugène Veuillot, rédacteur en chef de l'*Univers*; Léon Aubineau, Lavergne, Etienne Cartier de Solesmes; Armand Pihoret, ancien préfet; S. Laurentie; F. Gibon, secrétaire du Comité catholique; Philippe Lermigny, secrétaire de l'Œuvre de Saint-François-de-Sales; Léon Gossin, F. Charoy, de l'Œuvre de Saint-François-Régis; D. Didio, avocat; M. et Mlle Polonus, de l'Œuvre du Patronage catholique des Alsaciens-Lorrains; Antonin Pagès, président général de la Société de Saint-Vincent-de-Paul; de Benque, Ruaudel, de l'Œuvre de l'Adoration diurne et nocturne; J. Libman; baron des Rotours; comte Maurice d'Andigné; Fiot; Plista; Ph. Vrau, de Lille; général Espivent de la Villeboisnet; docteur Fodéré; docteur Michaux; docteur Saint-Yves-Minard; Delamarre, professeur à l'Institut catholique; Robinet de Cléry; baron d'Aubigny, etc.

1er janvier 1887.

M. le baron d'Aubigny, qui a bien connu M. Léon Pagès, nous adresse, comme hommage à sa mémoire, une lettre dont nos lecteurs apprécieront tout l'intérêt :

Aubigny, par Villeneuve-sur-Allier, 21 déc. 1886.

Cher Monsieur,

J'ai lu avec émotion vos excellents articles sur notre très regretté M. Pagès. Hier, dans celui du *Bulletin mensuel de l'œuvre du Vœu national*, il est dit qu'il était ennemi de la publicité. En effet, son dévouement voulait le secret. Aussi, aucun journal n'a parlé d'un des actes les plus méritoires de cette belle vie; et comme c'est un acte public, je tiens à vous en donner connaissance :

En 1860, après le guet-apens de Castelfidardo, notre bien-aimé Roi (Monseigneur le comte de Chambord) envoya immédiatement le marquis de Pissy pour soigner, consoler, secourir les blessés et prisonniers français de l'armée pontificale. En même temps y arrivait M. Léon Pagés au nom du Comité catholique de Paris. Ils trouvèrent un cœur vibrant à l'unisson des leurs dans M. l'abbé de Latreiche, chapelain de France à Lorette. Sans s'occuper de la rage et des menaces des sectaires, ces trois chrétiens d'élite prodiguèrent à nos pauvres blessés toutes les marques de la plus vive sollicitude. Tout d'abord, chez l'abbé de Latreiche, et aussitôt après dans le palais épiscopal d'Osimo, ils installèrent les ambulances. Les mourants furent consolés et affermis, les blessés entourés de soins, les prisonniers rapatriés. Notre Roi fut si touché de ce qu'il en apprit, qu'après ces événements il écrivait à l'abbé de Latreiche :

Combien sont heureux, et ceux qui ont glorieusement succombé, et ceux qui rendus à la santé sont rentrés maintenant dans leurs familles, d'avoir eu pour les assister sur leur lit de douleur un homme de Dieu qui comprenait si bien leurs nobles sentiments. J'ai besoin de vous exprimer ici, avec mon admiration pour votre belle conduite, ma profonde reconnaissance des soins charitables que vous leur avez prodigués.

Et pour notre cher M. Léon Pagés, voici la lettre qu'il lui adressa et que son amitié a voulu me confier :

Frohsdorff, 15 novembre 1860.

Le marquis de Pissy, que j'avais envoyé porter des témoignages de mon affectueux intérêt à ceux de mes amis qui étaient au nombre des glorieux blessés de Castelfidardo, ne m'a pas laissé ignorer, Monsieur, quelle utile ressource il a trouvée pour l'accomplissement de sa mission dans votre loyal concours. Par votre zèle ardent, éclairé, infatigable, en faveur de la plus sainte des causes, vous avez rendu à la religion et à la société des services dont elles garderont précieusement le souvenir.

Je vous en remercie pour ma part, et je joins à cette expression de ma gratitude l'assurance de mes sentiments bien sincères.

Signé : HENRI.

Veuillez, mon cher Monsieur, faire de ces renseignements ce que vous jugerez convenable. Pour moi, je suis heureux d'apporter ce tribut de respect à trois saintes mémoires : celle du courageux ami que nous venons de perdre ; celle du prêtre zélé qui brava les mêmes dangers pour accomplir le même devoir de charité ; enfin, celle du prince incomparable qui savait si dignement récompenser d'une parole ces actes de foi qui ne se payent point en ce monde. Permettez-moi de saisir cette circonstance pour vous offrir l'expression de mes très dévoués et très distingués sentiments.

Le baron d'Aubigny-Überherrn.

Christ de H. Flandrin, avec addition du Sacré-Cœur.

ANNALES CATHOLIQUES

4 décembre 1886.

Nous avons le regret d'annoncer la mort de M. Léon Pagès, ancien secrétaire des Comités catholiques, et l'un des plus ardents promoteurs de la consécration de tous les diocèses du monde au Sacré-Cœur.

8 janvier 1887.

A peu près ignoré du monde, mais bien connu de toutes les personnes qui s'occupent du règne de Jésus-Christ et de l'exaltation de la Sainte-Église, M. Léon Pagés rendit sa belle âme à Dieu, le 26 novembre dernier.

Chrétien vaillant, cet homme ferme et à idées élevées, noble autant que modeste, d'une charité et d'un zèle sans bornes, a suscité chez les catholiques des regrets unanimes. Notre ami méritait cette marque suprême de sympathie, lui qui se dévoua sans cesse au bien avec la plus entière abnégation et dont l'unique préoccupation fut de faire l'œuvre de Dieu sûrement, fortement et sans vaine gloire.

Durant sa maladie, il a été un modèle de patience, de courage et de résignation à la volonté divine. Il eut jusqu'au bout la bonté et la fermeté qui furent toujours le propre de son caractère, plus aimant et plus aimable que ne sauraient le supposer ceux qui n'en pénétrèrent point les secrets. Il reçut, en pleine connaissance, les derniers sacrements, quelques jours avant de mourir. Dès que cette grâce lui eut été faite, la pensée de sa mort prochaine ne le quitta plus. Cependant il dit encore à un ami dévoué, son confident jusqu'au dernier instant : « Si le bon Dieu veut me rappeler à Lui, que sa sainte volonté soit faite... S'il lui plaît de me conserver la vie afin de travailler à sa gloire, je suis prêt. »

Les souffrances continuelles ne l'empêchaient pas de s'occuper des œuvres qui lui étaient chères. Il offrait ses peines à Dieu en esprit de pénitence, en union avec ses chers confrères, les adorateurs de Montmartre, et il ne cessait de songer au prochain, pour lequel sa charité désintéressée ne connut jamais de bornes et lui inspira toujours un zèle à toute épreuve, qu'aucun obstacle n'arrêtait. « La veille de sa mort, nous a dit un de ses amis, alors que déjà il ne parlait qu'avec peine, M. Pagés me recommandait une orpheline en termes à peu près inarticulés et avec l'insistance que nous lui avons tous connue. » Ainsi il oubliait ses douleurs pour donner à l'ardeur de son zèle charitable les dernières heures de sa vie.

La nuit du jeudi au vendredi avait été plus particulièrement douloureuse. Notre saint ami ne cessa de répéter les invocations qui lui étaient familières : *Soyez béni, mon Dieu! Mon Dieu, soyez béni!... Ayez pitié de moi, mon Dieu!... Que le bon Dieu est bon!...* Une seule fois on l'entendit dire en soupirant : *Mon Dieu, que c'est long!* Et aussitôt il reprenait : *Que le bon Dieu est bon!... Je ne souffre pas... Mon Dieu, vous ne me faites pas souffrir... Mon Dieu, ayez pitié de moi!* Bientôt expirèrent sur ses lèvres ses dernières paroles : *Soyez béni, mon Dieu! Mon Dieu, soyez béni!*

Le vendredi, jour consacré au Sacré-Cœur pour lequel il avait une dévotion particulière, vers 7 heures du matin, le malade cessait de donner des signes de connaissance ; ses yeux demeuraient grandement ouverts et fixement dirigés vers le ciel. C'est dans cette attitude qu'il avait passé une grande partie de la nuit, et c'est ainsi qu'il demeura jusqu'à son dernier soupir. Ce regard fixe respirait l'intelligence, la foi et la charité; il avait une douceur surprenante et une pénétration qui allait droit au cœur.

Malgré des accès continuels de toux et de suffocation, le pauvre patient ne perdait point son calme et sa sérénité. Il ne prononça plus aucune parole; ses lèvres étaient muettes, mais sa physionomie rappelait la vaillance de son âme généreuse. Il quittait ce monde comme un chevalier du Christ, sans peur et sans reproche. Vers 11 heures la dernière agonie commençait. Elle n'eut rien de ce qu'offre de particulièrement effrayant le suprême combat de la douloureuse séparation de l'âme d'un mourant. Les dernières prières des agonisants étaient récitées par un prêtre de ses amis, et à midi trois quarts ce fidèle chrétien nous quittait pour aller à son Dieu, qu'il avait noblement servi jusqu'au dernier soupir.

M. Léon Pagés, malgré ses soixante-douze ans, semblait devoir longtemps encore servir l'Église, lorsque l'heure de la récompense a sonné pour lui. Durant sa vie, son cœur aimant eut à subir de longues et douloureuses séparations. Sa suprême consolation a été d'être assisté, à ses derniers moments, par des amis dévoués et de quitter ce monde après avoir reçu tous les secours de la religion et les précieuses bénédictions de Sa Sainteté le pape Léon XIII, de son Excellence le Nonce apostolique, de Monseigneur l'Archevêque de Paris et de Monseigneur Gay, évêque d'Anthédon.

Le corps du défunt resta exposé jusqu'au soir du dimanche, sans répandre d'odeur et sans subir d'altération. Le visage de cet homme de bien a conservé jusqu'au dernier moment une saisissante expression de noblesse, de douceur et de paix, qui faisait dire à tous ceux qui le voyaient : « Quelle est précieuse la mort des justes!... Vraiment on lit sur son visage, que cet homme est entré dans la joie du Seigneur. Bienheureux, il s'est présenté au Juge suprême les mains pleines des fruits excellents de ses œuvres. »

Comme les saints, M. Léon Pagés faisait l'œuvre de Dieu en évitant ce qui flatte la vanité personnelle ; il aurait voulu demeurer oublié. Et, ainsi qu'il arrive toujours à de pareils caractères, ses œuvres ont trahi sa modestie. Il n'est point de catholique employé aux œuvres qui n'ait été en contact avec lui au fort de la lutte. On le rencontrait partout où il y avait quelque effort généreux à tenter, quelque mesure sérieuse à prendre. Aussi tous lui ont rendu le plus éclatant témoignage le jour des funérailles. Il n'est point d'œuvre qui n'y fût représentée par les plus vaillants. La presse, les œuvres de foi et de prière, de charité, de patriotisme, etc., y avaient leurs membres principaux. La messe a été célébrée par M. le Curé de la paroisse Saint-François-Xavier et l'absoute donnée par Sa Grandeur Mgr l'Évêque d'Anthédon. La famille du défunt était heureuse de voir, par cette manifestation spontanée, la place qu'occupait leur parent dans l'héroïque légion des catholiques militants.

Nous connaissions beaucoup l'ami dont nous sentons vivement la perte, mais, malgré la connaissance que nous avions des nombreuses œuvres auxquelles nous l'avions vu mêlé, il nous a été donné de le connaître mieux et d'apprendre, en ces jours de deuil, qu'il n'avait été étranger à aucune œuvre catholique et qu'il avait été l'inspirateur et, pour ainsi parler, la cheville ouvrière d'un grand nombre.

Sans parler des grandes œuvres de la Propagation de la Foi, de la Sainte-Enfance, de Saint-François de Sales, des Conférences de Saint-Vincent de Paul et des Comités catholiques auxquelles il prêta généreusement son concours, il se dévoua d'une façon toute spéciale à celles du Denier de Saint-Pierre, de Saint-François-Régis, de Saint-Michel, etc., etc. L'*Union de prières* en faveur de la ville et du diocèse de Paris fut une de ses fondations personnelles, et il en composa jusqu'à la fin la *feuille mensuelle* si précieuse aux âmes pieuses par les sages inspirations et les nombreux renseignements qu'elle contient. L'avant-veille de sa mort il dictait la dernière (celle du mois de décembre) à l'ami dévoué qui l'assistait.

Le Règne de Jésus-Christ dans le monde fut sa pensée principale. Aussi eut-il en vue de propager le plus possible la dévotion au Sacré-Cœur, qu'il regardait comme la plus propre à gagner les âmes et à ramener la paix parmi les hommes qu'égarent l'indifférence et la soif des jouissances. Les œuvres de foi, de pénitence et de prières le comptèrent parmi leurs membres les plus zélés.

On n'oubliera jamais le dévouement qu'il a mis à fonder et à faire vivre l'Œuvre par excellence de l'Adoration du

Très Saint-Sacrement à Montmartre. Depuis quatre ans qu'elle existe, il était l'un des plus assidus à passer des nuits entières aux pieds de Jésus, suppliant le divin Sauveur de faire sentir à tous les ineffables tendresses de son adorable Cœur. Il ne cessait de recommander toutes les œuvres de la Basilique du Vœu national.

Je ne saurais dire quelle fut sa joie, le jour où il lui fut donné de voir accompli un de ses désirs les plus ardents : la consécration de tous les diocèses de France au Sacré-Cœur.

Les patronages catholiques des Alsaciens-Lorrains, les bureaux catholiques de bienfaisance, les comités divers pour l'enseignement catholique et la diffusion des bons livres l'ont vu à l'œuvre et ont profité de son activité inépuisable.

Il lui suffisait qu'une œuvre fût catholique pour y être de suite gagné. Mais, par contre, tout ce qui n'était pas catholique, tout ce qui se présentait sous le couvert de la *prétendue neutralité*, dont on abuse tant aujourd'hui, trouvait en lui sinon un ennemi déclaré, du moins un indifférent, plus prêt à l'attaque qu'à la défense. Cependant, en homme sage, il n'engageait jamais la lutte sans l'avoir préparée par une étude sérieuse et par la prière. Aussi ne savait-il point reculer.

Chez lui le caprice n'avait aucun rôle ; il était un homme à convictions arrêtées, mais sage autant que ferme, et ne se laissant guider que par son grand amour de la vérité.

On le trouvait toujours prêt à se dévouer sans réserve. Surgissait-il une difficulté nouvelle, une attaque imprévue, athlète infatigable, il avisait tout de suite au meilleur moyen de déjouer les complots de l'ennemi.

Son corps repose à côté de celui de sa mère, dans le tombeau de la famille Jacquemart, au cimetière du Père La Chaise.

LE CLOCHER

6 janvier 1887.

Les œuvres catholiques perdaient, il y a un mois, un de leurs plus inébranlables soutiens, dans la personne noble et dévouée de M. Léon Pagés. De bonne heure, ce chrétien à la foi robuste et agissante avait compris le rôle que doit remplir un enfant de l'Église dans les luttes incessantes de l'esprit du mal contre les fidèles de Jésus-Christ, et plus particulièrement à notre époque troublée, où tous les principes de la religion sont méconnus et les fondements des sociétés ébranlés. Aussi ne laissait-il passer aucune occasion de démasquer l'ennemi et de travailler au bien des âmes.

Soldat de l'avant-garde, on le vit agir toujours un des premiers dans les moments où l'action devenait nécessaire. Il ne s'épargna en rien toutes les fois qu'il s'agissait de signaler le danger et de se lancer dans la mêlée pour faire le bien.

Le soin des pauvres et des malades, l'éducation religieuse des enfants, l'expiation par la pénitence et la prière, la sanctification du dimanche, l'assistance du Souverain Pontife dépouillé, des prêtres injustement spoliés, des religieux injustement expulsés, la diffusion des enseignements de l'Église, la préservation du soldat et de l'ouvrier, la diffusion de la bonne presse, la validation des mariages, etc., etc., furent sa préoccupation constante.

A chaque insulte publique à notre sainte religion, il répondait par des actes publics d'expiation et de respect. Il ne se prodiguait pas en longs discours, mais il agissait beaucoup.

On se souvient de ses protestations indignées contre les projets impies de la *déportation de nos morts* hors Paris, du centenaire de Voltaire, des attentats contre l'Église et son chef, des lois iniques et désastreuses relatives à l'enseignement public, etc., etc.

Homme de foi autant que de charité, M. Pagès déploya un grand zèle à répandre les dévotions au Sacré-Cœur et à la Sainte-Eucharistie. On n'oubliera jamais les beaux exemples qu'il a donnés, en particulier à Montmartre, aux adorations nocturnes du Très Saint-Sacrement. C'est, avant tout, de la prière et de la pénitence qu'il attendait le salut. Il fut fidèle à les pratiquer toute sa vie; mais il s'y adonna d'une manière toute spéciale durant ses dernières années.

La mort de ce vaillant catholique fait un grand vide parmi nous. S'il ne parvenait pas toujours à atteindre le but, du moins, par son exemple et ses pressantes exhortations, il réveillait bien des endormis et provoquait au bon combat bien des personnes qui, sans lui, seraient restées inactives.

Nous n'oublierons pas son abnégation et son dévouement absolu à la cause de Jésus-Christ et de l'Église. Nous aimerons à nous rappeler son complet désintéressement dans ce travail incessant de résistance au mensonge, d'opposition au mal, d'excitation au bien et de restauration des principes chrétiens. Le souvenir de l'homme de bien demeurera vivant parmi nous et perpétuera son action bienfaisante.

Notre ami s'est endormi doucement dans le Seigneur le vendredi 26 novembre. Bien que tout donne lieu de croire qu'il a déjà reçu la récompense du bon et fidèle serviteur, prions pour le repos de son âme, afin que, s'il lui restait encore quelque expiation à faire, Dieu daigne lui ouvrir bientôt les portes du Paradis.

Les saints cœurs de Jésus et de Marie.
Verso de la *Médaille miraculeuse* gravée d'après la description de sœur Catherine Labouré.

UN ÉPISODE
DE
LA VIE DE M. LÉON PAGÈS

Au plus fort du siège, au lendemain de Champigny, tous les chrétiens étaient préoccupés d'obtenir des prières publiques et de porter en procession la châsse de sainte Geneviève.

M. Léon Pagès se fit l'interprète de ces pieux sentiments près d'un vicaire général qui l'engagea à voir Mgr l'Archevêque. Mgr Darboy reçut M. Pagés d'une manière aimable, tout en l'éconduisant.

Notre ami n'était pas homme à se décourager. Rien ne lui coûtait lorsque la cause de Dieu était en jeu et, pour lui comme pour tous les vrais Français, la cause de la patrie se confond avec la cause du Christ et de l'Église. Il alla donc trouver les défenseurs de nos remparts et, dès le lendemain, une députation d'officiers généraux de terre et de mer allaient supplier Monseigneur de faire porter en procession la châsse de sainte Geneviève à travers les rues de Paris et jusqu'aux remparts, comme aux jours des plus grandes calamités ; ou du moins d'ordonner des prières publiques dans toutes les églises de Paris.

Monseigneur craignit du trouble et ne céda pas au désir de ces vaillants chrétiens. Ceux-ci ne se découragèrent point. Stimulés par le brave Léon Pagès, ils vinrent au lendemain d'une nouvelle défaite pousser un nouveau cri de détresse. Au lieu de porter leurs instances à l'Archevêque, ils s'adressèrent à un grand vicaire, homme vénérable et estimé, à Mgr Surat qui leur répondit : « Vous voulez donc faire fusiller Monseigneur? »

En face de cet argument, les officiers se turent et retournèrent à leur poste de combat. Un mois après, Paris capitulait; et quatre mois plus tard, l'archevêque était fusillé à la Roquette, et son grand vicaire tombait sous les coups d'une femme à la porte de cette prison.

La crainte de précipiter les terribles événements qui se préparaient fit suspendre toute démarche auprès de l'autorité, mais ne découragea point la ténacité de notre ami.

Pagés alla solliciter des prières de toutes les communautés. Il s'adressa à tous les prêtres qu'il pouvait atteindre et, désespérant d'obtenir des prières publiques, il multipliait, par ses démarches, les prières privées. Quels élans de foi auraient pu être ressuscités dans ce peuple, je parle du vrai peuple, qui s'acharnait à vouloir sauver la ville et ne pouvait pas croire à la défaite! Il voulait le triomphe et se serait porté à tous les dévouements, même surnaturels, comme plus tard dans sa rage, il se porta à toutes les cruautés!

Léon Pagés le connaissait ce peuple impressionnable et généreux qui veut toujours rire, mais en qui circule le sang des ligueurs d'autrefois et qui était capable de prier au jour du danger. Il était sans cesse avec lui, soit dans ses visites du Bureau de bienfaisance, soit dans ses démarches comme membre de Saint-Vincent de Paul ou de Saint-François-Régis, soit dans ses visites aux écoles; il aurait voulu susciter en lui l'enthousiasme de la prière.

Il dut y renoncer et réunir quelques amis fidèles pour exhaler ses plaintes et communiquer ses espérances. Puisque nous ne pouvons rien pour le combat d'aujourd'hui, subissons l'humiliation ; mais préparons le combat de demain. Cinq hommes répondirent à son appel : un missionnaire, un religieux, trois laïcs; et le *premier Comité catholique* fut fondé.

Peu de jours après, au sein des agitations sourdes qui préparaient la Commune, au milieu des innombrables affiches électorales, on voyait s'étaler sur les murs une liste qui étonnait par sa hardiesse et portait en gros caractères : LISTE CATHOLIQUE.

Rien n'avait préparé ce coup d'audace; néanmoins, plus de six mille voix répondirent à l'appel, et lorsque plus tard il fallut encore courir aux urnes après le désastre de la Commune, le grand Comité conservateur dut compter avec le Comité catholique, il lui fit une large part dans son choix et accueillit des mains de Léon Pagés, humble et ferme, une liste de neuf noms dont huit furent élus députés de Paris. Le neuvième, le seul évêque qui siège aujourd'hui à la Chambre, Mgr Freppel, échoua ; mais il avait obtenu plus de 83,000 suffrages.

Après cet exploit, le Comité catholique était fondé et Léon Pagés en était élu secrétaire. Que de prières, que de démarches, que de voyages, que de lettres pour établir dans toute la France cette institution si humble en ses détails.

Le zèle infatigable de notre regretté secrétaire fut récompensé. En moins d'un an, presque tous les départements avaient un Comité catholique et, lorsqu'en 1872, à l'époque de Pâques, s'ouvrit le premier Congrès catholique, plus de trois cents hommes étaient là, pleins d'ardeur et pleins d'énergie.

Notre incomparable secrétaire était radieux; il allait des délégués de Marseille aux délégués de Lille; des envoyés de la Bretagne aux députés de Lyon ou de Grenoble, prodiguant à chacun ses encouragements et ses sourires, se réservant le travail et prodiguant aux autres l'honneur de prendre la parole; stimulant tout le monde et ne reprenant son ton revêche et bourru que pour exclure les libéraux. Gare aux catholiques tièdes! gare à tout ce qui, de près ou de loin, pouvait avoir une attache gallicane ou libérale! Ils trouvaient notre Léon Pagés impitoyable. Comme le chien fidèle et intelligent, il gardait la porte, prêt à mordre quiconque se présentait sans être invité.

Jamais Congrès plus vivant, plus homogène. Il fut suivi de près par le Congrès de l'enseignement chrétien dans lequel Pagés tâcha d'observer la même consigne. Même ardeur de foi, même accent, même entrain, même vie qu'au premier congrès. Rien ne saurait égaler ces improvisations du zèle qui amenait des frères à se rencontrer pour la première fois et à se livrer à des épanchements de la foi et de la charité dans l'amour de la même Église et le dévouement soumis et humble du même Père, le Docteur Infaillible de Rome.

Pagés triomphait en ces jours de triomphe pour la Vérité la plus pure; mais d'autres allaient organiser les suites de la Victoire. L'homme d'initiative avait accompli son œuvre. Il dut se retirer des comités catholiques dont il était l'âme et l'ardent propagateur, après en avoir été le principal fondateur.

Que d'œuvres vinrent encore occuper sa vie! Prières pour Paris, Denier de Saint-Pierre, Adoration perpétuelle à Paris, dans les diocèses et surtout à Montmartre; la lutte contre la franc-maçonnerie, etc., etc. Son zèle s'étendait à tout et dévorait son temps et ses forces.

Dieu vient de le récompenser! qu'il lui donne un successeur pour toutes ces initiatives salutaires qui sont si peu comprises et souvent si peu aimées.

A lui appartiennent la Gloire et l'Empire
Marque de Santi Franchi, libraire à Florence en 1682.

TÉMOIGNAGE D'UN AMI INTIME

Il faut avoir vécu dans l'intimité de M. Léon Pagès pour savoir à quel degré cet homme de bien poussait la charité, s'oubliait lui-même et mettait en œuvre son incroyable activité pour rendre service jusque dans les plus petites choses. Que de démarches n'a-t-il pas faites pour réconcilier des parents ou des amis ?

Chose remarquable, cet homme qui paraissait d'un abord peu agréable, attendait toujours qu'on lui demandât quelque service ; il se mettait à l'œuvre immédiatement et sans relâche, poursuivait l'entreprise avec acharnement jusqu'à sa réussite, pour passer ensuite, comme il le disait, à un autre exercice.

On ne saura jamais les sacrifices qu'il s'imposa pour obtenir le retour de l'ordre chrétien en France. Lorsqu'on disait devant lui que l'avenir est bien sombre, il répondait : « Prions et agissons, et laissons faire la Providence. C'est le Pape qui redonnera un chef à la France. »

UNE LETTRE A M. LÉON PAGÉS

L'impression de ce modeste hommage à la mémoire vénérée de M. Léon Pagés était sur le point d'être terminée, lorsqu'on nous a apporté un nouveau témoignage, montrant bien que le zèle de notre excellent ami était tout à fait supérieur et ne connaissait point de limites. C'est une lettre touchante de l'héroïque vicaire apostolique d'une mission douloureusement décimée par des persécutions récentes, à la suite de nos luttes au Tonkin.

Nous sommes heureux de reproduire intégralement cette lettre, qui est arrivée à Paris deux mois après la mort de notre ami.

Yûn-nân-sèn, 11 octobre 1886.

Bien cher Monsieur Pagés,

La pieuse et chère lettre que vous avez bien voulu m'adresser de Paris le 12 juin dernier m'a été remise il y a à peine quelques jours. Je vous en remercie et vous prie de croire qu'elle m'a fait un plaisir bien sensible. En effet, d'un seul coup j'étais rajeuni de bientôt la quarantaine, et d'autant plus réjoui que, pour cent bonnes raisons, j'attendais moins la faveur de votre souvenir. Voyageant ainsi à travers le temps et l'espace, j'ai revu Hong-kong de 1849 et 1850. Et, on peut l'avouer, ces vieux souvenirs de la première étape de la vie sont pleins de douces jouissances; il ne peut être qu'agréable de les réveiller quelquefois. Ceci est vrai pour tout le monde; mais pour nous, nous avons beaucoup mieux. Partis à peu près en même temps, nous avons déjà fourni une assez longue course. Nos intentions étaient les mêmes, mais nos moyens différaient; et cependant après quarante ans de voyage chacun de son côté, nous nous rencontrons dans le Cœur de Jésus. Si vous voulez bien, nous imiterons l'Apôtre qui, encore tout enivré des gloires du Thabor, savait seulement dire : *Oh! il fait bon ici!* Et désormais le Sacré-Cœur de Jésus sera pour nous un rendez-vous éternel. On y est bien et fort à l'abri.

Voici maintenant où en est notre Église pour cette bienheureuse dévotion.

En 1875, mon prédécesseur de sainte et douce mémoire, le vénérable Mgr Ponsot, avait fait une première consécration de toute la Mission du *Yûn-nân* au Sacré-Cœur de Jésus. Mais cette consécration avait été verbale seulement et sans aucune solennité. Les circonstances ne s'y prêtaient pas alors. Peu après mon sacre, en 1882, bien persuadé qu'un acte plus solennel et tout à fait dans les formes pourrait puissamment contribuer à faire naître et grandir la dévotion des fidèles envers le Cœur de Jésus, je pris des mesures pour renouveler au plus tôt et avec la plus grande solennité possible cette heureuse consécration. D'abord je fis imprimer en chinois une formule composée par Pie IX. En haut de la page, un artiste chinois avait peint le Sacré-Cœur dans une couronne d'épines. L'image est modeste *et amplius*, comme on dit. Aussi j'ai soin de la faire remplacer chez les chrétiens, à mesure qu'il m'en arrive de plus belles. La cérémonie s'est renouvelée dans les différentes stations de chaque district. Lors de la visite du missionnaire, un jour de communion générale autant que possible, le sermon était invariablement sur la noblesse et les avantages de la dévotion au Sacré-Cœur; tous les chrétiens ensuite, et en un seul chœur, chantaient la formule de consécration composée par le Saint-Père Pie IX. Chaque père de famille devait en emporter un exemplaire et le placer à côté des tablettes chrétiennes pour le relire au moins une fois tous les mois. Nos chrétiens y ont pris tant de goût qu'ils récitent cette prière deux fois par jour : le matin et le soir.

Ici le calme n'est pas encore fait; cependant le poste est tenable, la situation s'améliore et les espérances renaissent.

J'ai l'honneur d'être, bien cher monsieur Pagés,

Votre très humble et tout dévoué serviteur.

† JEAN-TH.

Ev. de Ténédos, vic. apost. du Yun-nan.

CONCLUSION

JÉSUS-CHRIST, CENTRE ET OBJET DE LA VIE HUMAINE

Sculpture de l'église S.-Trophime à Arles, XIIe siècle.

« Je suis, dit Jésus-Christ, la voie, la vérité et la vie. Je suis l'alpha et l'oméga, le commencement et la fin. »

Les représentations du Sacré-Cœur de Jésus contenues dans cet opuscule sont reproduites d'après l'ouvrage intitulé *les Images du Sacré-Cœur*, par M. de Grimouard, de Saint-Laurent.

R F.